5!

Lb 2097.

PROCÈS

DU

PATRIOTE,

Journal Républicain

DE LA FRANCHE-COMTÉ,

ACQUITTÉ A L'UNANIMITÉ

PAR

LA COUR D'ASSISES DU DÉPARTEMENT DU DOUBS,

LE 20 JANVIER 1834.

A BESANÇON,

AU BUREAU DU PATRIOTE,

PLACE LABOURÉE, N° 10.

———

1834.

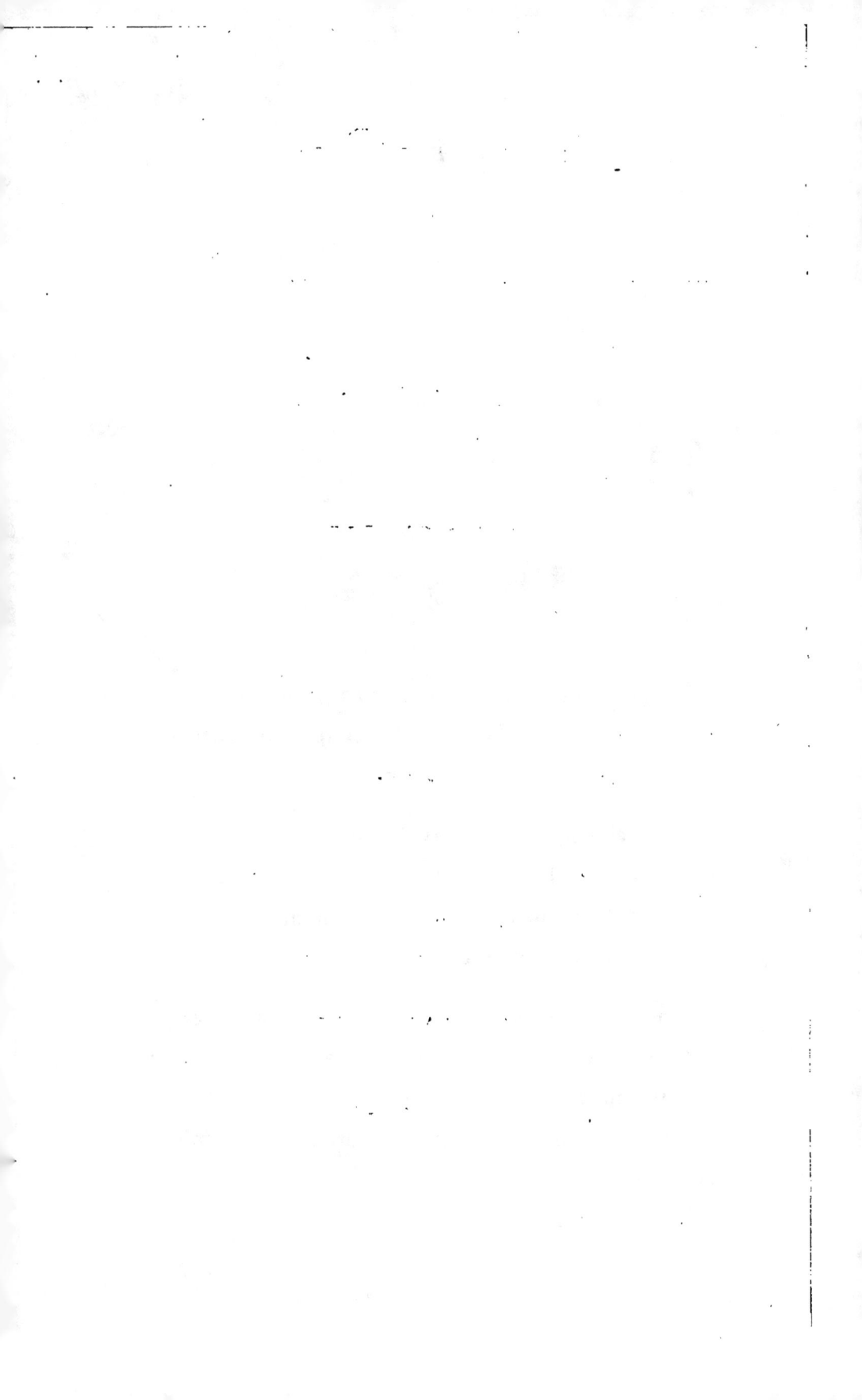

AVANT-PROPOS.

En publiant notre Procès, nous cédons aux vœux d'un grand nombre de citoyens qui ont voulu participer à la propagation de nos doctrines.

Entièrement dévoué aux intérêts du peuple, le Patriote sentait qu'il était temps d'imposer silence à ses détracteurs, de dire comment il entend l'intérêt du pays, le but qu'il espère atteindre.

C'est publiquement, devant le jury, devant les représentans de la Franche-Comté, que nous avons dit et ce que nous nous sommes proposé en fondant notre Feuille, et ce que nous désirons faire pour le bonheur de nos concitoyens.

La poursuite qui nous met à même de développer nos doctrines, sera donc pour nous un événement doublement heureux, puisque, d'un côté, elle prouve combien le jury, sans cesse menacé par le pouvoir, sent le prix de la liberté de la presse, et que de l'autre, grâces à cette même poursuite, le pays pourra juger s'il doit s'associer à nos travaux de tous les jours.

PROCÈS

DU

PATRIOTE

FRANC-COMTOIS.

———⟨◦⟩———

Le 4 août dernier, parut dans le Patriote franc-comtois, aux *Nouvelles du soir,* un article ainsi conçu :

« *Par décision du 23 juillet, le Moniteur nous apprend que le roi, à l'occasion de l'anniversaire des glorieuses journées de juillet et de son avénement au trône, a accordé dix-neuf grâces, commutations ou réductions de peines à des condamnés renfermés dans les maisons de détention et les prisons du ressort de la cour de Caen ; à neuf détenus de la maison centrale de Beaulieu, pour vol, blessures, faux, recel, tentatives d'empoisonnement et d'assassinats, etc. Voilà les titres à la clémence royale. Sept voleurs, détenus au mont Saint-Michel, vont au_i céder leur place aux condamnés politiques. Depuis long-temps on connaissait la haine des conseillers royaux pour les amnisties politiques, mais on n'avait pas encore apprécié*

1

leur prédilection pour les voleurs et les assassins qui, à chaque grande solennité de son règne, viennent servir de recrues à leurs fidèles de la rue de Jérusalem.

» Un dernier trait caractérise la monarchie du 7 août : presque tous les condamnés politiques de la restauration qui avaient échappé à la première réaction, ont fini par obtenir grâce auprès de la branche aînée elle-même. La branche cadette n'a gracié que des forçats et des voleurs. Dis-moi qui tu hantes, je te dirai.... »

Le même jour, M. le procureur-général, prétendant voir dans l'ensemble de l'article, et spécialement dans le dernier alinéa, le délit d'offense publique envers la personne du roi, présenta à M. le président de la cour des assises pour le 4ᵉ trimestre de 1833, une réquisition tendant à ce que le gérant du journal, M. Miran, fût traduit directement aux assises, en conformité de la loi du 8 avril 1831.

Une ordonnance de renvoi indiqua la cause au 28 octobre suivant. Ce jour, un arrêt ayant renvoyé l'affaire aux prochaines assises, une nouvelle ordonnance fixa les débats au 20 janvier.

Les assises sont présidées par M. le conseiller Béchet; les assesseurs sont MM. *Nourrisson* et *Courlet de Vregille*, conseillers.

M. LE PROCUREUR-GÉNÉRAL, assisté de M. *Fourier*, avocat-général, occupe le siége du ministère public.

Après l'appel général de MM. les jurés, M. le président procède au tirage au sort des douze d'entre eux qui doivent composer le jury.

M. le procureur-général ayant épuisé toutes les récusations autorisées par la loi, ainsi que le gérant du journal, le jury est ainsi composé :

1º M. JANET, Joseph-Augustin, électeur, aubergiste à Saint-Vit, président.

2º M. SIMON, Adrien, électeur, aubergiste à Baume.

3º M. GOBILLOT, Jean-Baptiste, propriétaire, électeur à Venise, canton de Marchaux.

4º M. MAITREHUGUES, Emmanuel, négociant-cultivateur, électeur à Dommartin.

5° M. Billot, Félix-Aimé, propriétaire, électeur au Lac.

6° M. Jonen, Pierre-Joseph, marchand de cuirs, électeur à Besançon.

7° M. Greiner, Auguste, brasseur, électeur à Besançon.

8° M. Dreyfus, Lazard, négociant, électeur à Besançon.

9° M. Chardenot, Jean-François, propriétaire, électeur à Avilley.

10° M. Caire, Jean-François, taillandier, électeur à Byans.

11° M. Roux, Pierre-Joseph, marchand de planches à Besançon.

12° M. Pone, Claude-Alexis, ancien négociant, électeur à Besançon.

Après la lecture du réquisitoire, des ordonnances de renvoi et de l'article incriminé, M. Ch. Deis, imprimeur, est entendu comme témoin.

Il déclare que le 3 août, M. Miran étant absent et ne pouvant voir les épreuves du journal, le fit prier de se charger de ce soin, ce qu'il fit. Que l'article incriminé avait été pris dans la correspondance autographiée, venue de Paris, et qu'il reconnaissait bien la feuille autographiée qui lui était représentée comme ayant servi à la composition.

La parole donnée à M. le procureur-général, ce magistrat fait lecture de l'article qu'il incrimine; il déclare laisser de côté ce que le premier alinéa contient d'inconvenant et d'*irrévérencieux;* mais il soutient que le second alinéa, par l'adjonction des mots *Dis-moi qui tu hantes, je te dirai...*, contient le délit d'offense publique envers la personne du roi.

Puis, repoussant ce que la déposition du sieur Deis pouvait laisser de favorable à la défense dans l'esprit du jury, il soutient que bien que l'article eût été imprimé à Paris et fût venu de Paris, ce qui ne lui était pas démontré, le gérant d'un journal étant responsable de tout ce que contient le journal, on ne pouvait présenter une *excuse* tirée de ce que l'article incriminé n'était pas connu de ce gérant. Enfin, que le délit étant constant, MM. les jurés ne balanceraient pas à prononcer un verdict de culpabilité.

Mᵉ Tonnet, avocat du *Patriote Franc-Comtois*, se lève et rappelle que la cause avait été confiée d'abord aux talens et au patriotisme de Mᵉ *Drevon*, retenu maintenant à Dijon, où cet honorable avocat concourt pour une chaire de professeur; il donne lecture de la lettre écrite à cette occasion à M. Miran; puis il ajoute :

« Absolument étranger à la rédaction du journal, sa défense m'a été offerte; mon inexpérience me disait de refuser, mais mon devoir d'avocat et surtout mes sympathies me dirent d'accepter. — Cependant, Messieurs, ces sympathies, cette part essentielle que je prends au succès de la cause, ne pourraient me déterminer à vous développer des raisons que je ne regarderais pas comme fondées en droit ou en équité; de même que mon amitié pour Miran ne pourrait me forcer à vous présenter comme vrais des faits que je saurais être erronés. *Amicus Plato, sed majis amica veritas!* »

Arrivant à la cause, il l'aborde ainsi :

« Le droit d'avoir une opinion et de l'émettre de toutes les manières est inhérent à la qualité d'homme. Il lui a été accordé en entier par la nature, avant de lui être concédé en partie par le pouvoir, parce que cette faculté de penser et d'écrire n'est chez l'homme que l'usage de l'intelligence, qui lui a été donnée pour l'appliquer à la recherche de tout ce qui peut contribuer à son bonheur.

» C'est dans cette manifestation libre de la pensée que réside ce qu'on appelle le droit de la liberté de la presse, et c'est dans l'article 8 de la charte de 1814, *relue* en 1830 (en sautant l'article 14), qu'a été fixé le droit de discussion et de critique de tous les actes et faits du pouvoir.

» Cette liberté devrait être sacrée, comme étant la sauve-garde de toutes nos autres libertés, puisque c'est par elle que toute espèce d'arbitraire voit déjouer ses projets. En effet, dès qu'un homme public cherche à s'écarter de la ligne qui lui est tracée par la loi, par qui est-il rappelé à son devoir? par la presse..... Dès qu'il se commet un acte quelconque qui menace le pays, par qui lui est-il dénoncé? par la presse... Qui en arrête souvent l'exécution? la presse... Enfin, qui nous venge de l'acte qu'elle n'a pu empêcher? c'est toujours la presse. Voilà pourquoi elle a tant d'ennemis! — Scrutez la conduite, cherchez les motifs de ceux qui voudraient l'opprimer, de ceux qui déclament le plus après elle, depuis les commis de ministère jusqu'aux

commis de préfecture, vous verrez que ce sont des hommes dont elle
a signalé les actes ou dont elle épouvante l'arbitraire. — Oui, Messieurs, la presse libre est une contrainte morale qui réprime les ca-
prices des princes et de leurs agens, et que le pouvoir le plus puissant n'a jamais osé braver avec une entière impunité. Craignez donc
avant toute chose de la voir disparaître, cette presse indépendante,
et c'est ce qui ne manquera pas d'arriver, si l'on opprime les journaux par des procès et des amendes!...

» Dans cette cause, je défendrai d'abord l'article incriminé, puisque, par une fiction de la loi, le gérant d'un journal répond des
articles qui y sont insérés; et nous chercherons si cet article renferme
réellement le délit d'offense à la personne du roi.

» Ensuite nous examinerons en elle-même cette fiction, pour savoir
si elle est applicable dans l'hypothèse actuelle à M. Miran.

» Enfin nous aborderons la question de l'opportunité de l'accusation.

» Retenons seulement, dès à présent, que M. Miran n'est point
l'auteur de l'article, qui sort des presses de Paris, et qu'il ignorait
même qu'il fût inséré dans le *Patriote*, puisqu'il était absent pendant
que cette feuille se composait et se distribuait.

» La mission du rédacteur d'un journal indépendant et conscien-
cieux est grande et élevée aujourd'hui, car elle est d'instruire et
d'éclairer la nation; d'apprendre au peuple ses droits et ses devoirs:
elle est honorable et belle, mais elle est périlleuse aussi, et plus de
500 procès intentés à la presse depuis trois ans, prouvent qu'il faut
du courage pour dire la vérité aux hommes qui la craignent.

» Le procès intenté au *Patriote* en est une nouvelle preuve. Nous
n'avons qu'un article assez insignifiant à défendre, et certes nous ne
reculerons pas devant la tâche qu'il nous impose. Cependant j'eusse
préféré avoir à soutenir un des articles de doctrine du journal. Si
c'est à l'opinion qu'il représente qu'on fait la guerre, il faudrait le
dire hardiment; nous défendrions alors les théories d'un parti qui
porte, selon nous, avec lui la réalisation de toutes les promesses dont
on n'a fait que nous leurrer sous les trois derniers règnes. Nous
dirions qu'au lieu de le froisser, de chercher à l'anéantir, on devrait
au contraire lui savoir gré des peines qu'il se donne pour prouver
que la prospérité et le bonheur du pays gisent dans telles ou telles

institutions ; lui pardonner ces théories que ses ennemis eux-mêmes appellent de belles utopies ; reconnaître au moins de la vertu dans ceux qui aspirent à un mode de gouvernement dont on désespère, précisément parce qu'il a pour base la vertu, la probité politique et la simplicité de mœurs ; et remercier ces hommes qui veulent inculquer leur foi, non par la force brutale, mais par la conviction ; qui veulent la propager, non par des émeutes, mais par l'enseignement, et qui attendent le succès de leur doctrine, non de la violence, mais de la force irrésistible de la raison !

» Si c'est son opinion qu'on veut attaquer, pour défendre le journal nous prouverons par des faits vrais, et l'histoire à la main (car les faits des trois dernières sont années déjà de l'histoire), oui, l'inflexible histoire à la main, nous prouverons que le *Patriote Franc-Comtois* a été forcé par la conviction d'embrasser une opinion dont on ne doit compte qu'à sa conscience dès qu'elle est sincère. Mais ce journal, que l'esprit de caste, que le parti doctrinaire traitent d'exalté, d'incendiaire, quels vœux formule-t-il ? sont-ils contraires au bien du pays ? non : ils ne blessent que ceux qui sont intéressés au maintien des abus dont il se plaint. — Sa marche ? elle lui est tracée par le noble exemple de ces hommes qui ont pris pour devise : *fais ce que tu dois, advienne que pourra*, de ces vrais patriotes que l'ignorance et la mauvaise foi transforment en de cruels ennemis, parce qu'ils sont les apôtres de la civilisation. Qu'on prenne toutes les feuilles du journal, et l'on verra que comme eux il ne demande que la diminution de quelques impôts, et l'abolition de ceux qui sont en horreur au pays, comme les droits réunis, comme ceux qu'on prélève sur la loterie, les jeux et les lieux de débauche. Qu'il ne réclame que la chute des monopoles, la suppression des pensions exorbitantes et l'abolition du cumul et des sinécures ; qu'il ne veut que des traités dictés par l'honneur et pour l'avantage du pays, l'égalité et la légalité pour tous, la plus grande latitude à l'industrie, le plus grand respect pour la propriété ; qu'il n'appelle les faveurs du gouvernement que sur le mérite agricole ou manufacturier ; qu'il ne demande les places, les médailles, les croix, les couronnes et les récompenses que pour les talens en tous genres ; qu'il veut la réduction des traitemens qui ne sont en rapport ni avec le travail, ni avec les besoins du salarié ; qu'enfin il ne demande pour le malheureux obligé de gagner son pain à la sueur de son front, que le moins d'impôts et le plus d'instruction possible !.. Voilà ce que veut le *Patriote Franc-Comtois*, voilà ce qu'appellent à grands cris ceux qu'on croit flétrir et qui s'honorent du titre de républicains ! car républicain veut dire ami de son pays et désirant le bonheur de *tous*. Ces vœux peuvent-ils sortir de cœurs corrompus ? Non, sans doute. Qu'on cesse donc de nous crier cette date de 93, qui n'est pas plus l'emblème de la république que le sceptre de Napoléon ne l'était de la liberté; car nous répondrions à notre tour :

» C'est à chacun de répondre de ses œuvres; nous n'avons aucun des crimes de cette époque à expier; innocens de ces saturnales sanglantes, nous savons faire la part des crimes et des affreuses nécessités du temps. Persuadés que des doctrines vertueuses, mises en pratique par des hommes vertueux, ne peuvent, grâce à l'instruction et à la civilisation, que produire des effets salutaires pour le pays, nous, nous persévérons dans des opinions dont nous nous glorifions.

» Mais, s'il faut en croire l'accusation, ce ne sont pas les opinions du journal qui sont en cause; ce n'est pas la couleur du *Patriote Franc-Comtois* qui est à l'index; il n'y a point eu d'arrière-pensée chez ceux qui ont ordonné ou conseillé la poursuite; c'est l'article du 4 août, seul, qui est incriminé. J'ai peine à le croire; mais tant mieux alors, car d'avance notre procès est gagné. Voyons donc cet article *en lui-même;* prenons-le d'abord, non pas phrase par phrase, mais *dans son ensemble;* car ce n'est que dans son ensemble qu'on peut le juger sainement. Examinons s'il sort des bornes d'une discussion légale, d'une critique permise, d'un acte du pouvoir. Ensuite nous le prendrons phrase par phrase, et nous verrons que pas une seule de ces phrases n'est un outrage au roi. »

Me Tonnet donne lecture de l'article dans son entier, puis il continue ainsi :

« Eh bien ! que dit cet article? que cite-t-il? est-ce un mensonge, une calomnie que l'écrivain invente pour outrager le chef de l'état? Loin de là, il rapporte une de ces bonnes œuvres que les rois seuls, dit-on, peuvent faire; c'est un acte du gouvernement inséré au *Moniteur*, qu'il cite; c'est le *Moniteur* du 23 juillet à la main (et comme l'a dit Delavigne : *le Moniteur, c'est la vérité même*), qu'il annonce que Louis-Philippe a fait grâce, à l'occasion des journées de juillet (journées plus glorieuses que profitables pour ceux qui les ont faites), et à l'occasion de son avénement au trône, à dix-neuf condamnés renfermés dans les maisons de détention et les prisons du ressort de la cour de Caen, et à neuf détenus de la maison centrale de Beaulieu, pour vol, blessures, faux, recel, tentatives d'empoisonnement, d'assassinat, etc. — Tout dans l'article incriminé se rapporte à l'idée renfermée dans cette première phrase, tout y roule sur cette donnée, et pris dans son ensemble (seule manière dont on doive l'envisager), on voit qu'il ne parle pas du roi, que ce n'est point lui qu'il a en vue, puisqu'il n'y est point nommé, et que le reproche qu'il contient, le blâme qu'il renferme ne s'adressent qu'aux *conseillers royaux*, seuls en nom dans l'article; que c'est un acte de leur part qu'on critique, puisque c'est une ordonnance contre-signée d'un d'eux dont on se plaint, et qu'ainsi cette critique, quelque amère qu'elle soit, ne peut être qualifiée d'injure, d'outrage ou d'offense à la personne du roi.

» Ainsi l'ensemble de l'article n'est point condamnable, et ne peut être condamné.

» Si nous disséquons l'article avec le scalpel de la raison, nous n'y trouverons pas davantage le délit qu'on lui impute.

» La première phrase, non plus que la seconde, ne renferment aucune offense. Elles ne sont toutes deux que le narré d'un fait vrai. Dans la troisième, on dit : *Voilà les titres à la clémence royale.* Cette réflexion peut être prise de deux manières; en bonne part, elle ne contient aucune injure; effectivement, ayant demandé leur grâce, le ministère a jugé qu'ils savaient des titres à la clémence royale. — Prise en mauvaise part, elle n'est même qu'une exclamation toute naturelle. — Elle provient de l'étonnement causé à l'auteur par l'étrange nouvelle de la faveur accordée à des voleurs et à des assassins, au moment où il s'attendait que la clémence se déverserait sur des hommes qui en étaient bien plus dignes. En effet, à cette époque de juillet 1833, la France presque tout entière, par l'organe de la presse libre, avait manifesté le vœu que Louis-Philippe usât de la plus belle prérogative de la couronne qu'il tenait du peuple, pour pardonner à ceux de ses enfans qui, en juillet 1830, avaient versé leur sang pour la liberté, et qui, en juin 1832, provoqués par la police, sabrés et fusillés par suite de ses machinations, n'avaient cédé, pour une entreprise téméraire, qu'à l'entraînement du courage et à cette exaltation si naturelle au jeune âge.

. » Les journaux avaient laissé entrevoir, plusieurs même qui ont l'oreille du pouvoir avaient répété avec assurance qu'une amnistie aurait lieu pour tous les condamnés politiques; on s'en occupa dans le conseil, mais la mesure fut rejetée

» Cependant tout se réunissait en faveur des condamnés de juin. Les superbes funérailles de Lamarque, où 300,000 citoyens avaient protesté par leur présence contre la marche du gouvernement, exaltaient l'imagination. Les cris *aux armes!* poussés par 10,000 gardes nationaux et ouvriers, lors de l'attaque des dragons, et les manœuvres de la police, avaient nécessairement provoqués le délire. Onze assauts successifs repoussés par 172 adolescens sans chefs, sans expérience militaire, presque sans munitions, et n'ayant que leur courage et leur persévérance contre 40,000 hommes, leur dévouement, leurs derniers adieux si paisibles en face des baïonnettes et du canon qui les décimait; leur stoïcisme sur les bancs des conseils de guerre illégaux et des assises; enfin leur tranquillité héroïque en présence d'une autre mort plus affreuse mille fois que celle des combats, *tout*, oui, *tout* se réunissait pour appeler sur eux la clémence, pour exciter l'admiration et la pitié; mais on leur préféra ceux qui ne pouvaient exciter que le dégoût et un peu de commisération; on aima mieux appeler les grâces du maître sur des voleurs; on trouva plus dignes de commutation des assassins, des empoisonneurs!.... Et ce sont LES CONSEILLERS ROYAUX qu'on accuse de la préférence. L'exclamation n'était-elle donc pas le cri de la vérité?

» La quatrième phrase ne rapporte encore qu'un fait vrai. *Sept voleurs détenus au mont Saint-Michel vont aussi céder leur place,* etc.

De là la cinquième phrase. « *Depuis long-temps*, dit l'écrivain, *on connoissait la haine des conseillers royaux pour les amnisties politiques, mais on n'avait pas encore apprécié leur prédilection pour les voleurs et les assassins.* » Voilà la partie de l'article qui dévoile toute la pensée de l'auteur. Ce n'est pas du roi qu'il parle, ce n'est pas lui qu'il accuse de n'être pas clément envers les condamnés politiques; *ce sont* LES CONSEILLERS ROYAUX, ces courtisans, lèpre des cours, qui ronge et empoisonne tout ce qu'elle approche, ces courtisans dont les ancêtres, lorsque Henri IV disait : *Paris vaut bien une messe,* lui soufflaient sans doute tout bas : *sauf à ne pas l'entendre,* et dont les descendans à leur tour disaient à l'auteur de la déclaration de Saint-Ouen : *Oui, la France vaut bien une charte, sauf à ne pas la suivre!* Favoris, courtisans, conseillers royaux de tous les temps, de tous les rois, qui, tous, semblent s'empresser « *à qui dévorera ce règne d'un moment!* » Voilà sur qui l'auteur rejette toute la faute de la mesure adoptée. Ce sont ces conseillers dont il dénonce la haine pour les amnisties politiques, et dont il accuse à la face de la France la prédilection pour *les voleurs et les assassins, qui à chaque grande solennité, viennent* (ajoute l'auteur) *servir de recrue à leurs fidèles de la rue de Jérusalem,* c'est-à-dire, à la police. Vérité démontrée par le meurtre de la place Vendôme, par les assommeurs du 14 juillet, les assassinats du pont d'Arcole, et par cinquante procès où des agens de police présentés comme témoins, ont été forcés d'avouer qu'ils avaient été flétris par justice. — Il y a dans cette phrase, si l'on veut, une vérité cruelle contre la police de la rue de Jérusalem. Mais nous ne sommes pas accusés d'offense envers la police de Paris, mais bien envers le roi, et, jusqu'ici, il n'a pas encore été question de lui. Il est vrai que d'après le réquisitoire, ce délit ressort surtout du dernier alinéa. Il commence ainsi :

« *La monarchie du 7 août.* » Ces mots ne veulent pas dire, en style politique, le monarque du 7 août, mais bien le pouvoir, le gouvernement monarchique du 7 août, c'est-à-dire, ceux qui gouvernent au nom de la monarchie, ceux dont on vient de parler plus haut dans le premier alinéa de l'article, *les conseillers royaux, les ministres enfin.* *Monarchie* a été employé ici pour désigner la forme du gouvernement qui régit la France depuis le 7 août. Ce n'est pas Louis-Philippe, ce n'est pas le monarque qui constitue à lui seul la monarchie qui est, à proprement parler, la *monarchie* constitutionnelle, puisque la monarchie se compose du roi, des deux chambres et des ministres responsables. Ce sont ces derniers qui gouvernent (qui du moins sont censés le faire), puisqu'en principe constitutionnel *le roi règne et ne gouverne pas.* C'est bien le roi qui nomme aux places; cependant ce n'est pas lui qu'on accuse si elles sont données à l'intrigue, à l'homme sans mérite, ce qui arrive trop souvent, parce que ce sont les ministres qui présentent et déterminent le choix du roi. En matière de grâces, c'est bien lui qui les accorde, mais il faut qu'elles lui soient demandées, qu'elles lui soient conseillées, et ces conseils ne lui viennent que de ceux qui lui en donnent ordinairement, de ces ministres, de ces conseillers dont on parle dans l'article, et que l'écrivain a seuls en vue lorsqu'il parle de la monarchie du 7 août. — On ajoute, dans cette phrase : « *Presque tous les condamnés politiques de la restauration ont fini par obtenir grâce auprès de la branche aînée elle-même.* » Ce fait est encore vrai. Une fois l'effervescence des passions politiques passée, tous les malheureux condamnés politiques ont successivement recouvré leur liberté. Les ministres d'alors sentirent qu'il y avait eu assez de sang innocent de versé de 1815 à 1822; ils firent gracier ceux qui avaient échappé à la réaction et à cette espèce de guerre civile que l'on peut aussi appeler *bella horrida bella*; c'était faible justice, c'était justice tardive, mais du moins ils la rendirent, tandis que les *conseillers royaux* trouvent des brigands couverts de crimes plus dignes de leur compassion que des enfans, que de lâches provocations de police rendirent coupables de légitime défense, et qui paient par une captivité (qu'on voudrait pouvoir rendre éternelle) et par des supplices journaliers, le malheur d'être nés avec des âmes et des bras de Spartiates! Vaincus, ils sont dans les fers; vainqueurs, leurs noms seraient au Panthéon! En France, en 1833, ils sont punis comme criminels; à Rome, en 245, pour le même fait, on leur eût élevé des statues ou des autels! Telles sont les destinées humaines! Oui, Messieurs, tel est leur sort à deux ans de distance! En 1830, pour la même cause, on décerne à plusieurs d'entre eux des croix et des couronnes; en 1832, on les plonge dans les cachots de Saint-Michel!....

» L'avant-dernière phrase ne contient pas plus une offense que la précédente. Elle rapporte un fait, c'est que la branche cadette n'a encore gracié que des forçats et des voleurs, et ce fait est également vrai, puisque le gouvernement lui-même le proclame dans le *Moniteur*.

» Depuis trois ans on a peut-être jugé deux fois plus de procès politiques que pendant les 15 ans de restauration; depuis les prétendus complots des 15 et 19, des cloches de Notre-Dame, du coup de pistolet de risible mémoire, jusqu'à la dernière conspiration des 27 (dite la conspiration des parapluies et du papier mâché), presque tous manquaient de preuves et de vraisemblance. Quelques condamnations cependant eurent lieu, et pas une grâce n'est venue attester la générosité du pouvoir pour ses ennemis politiques, et le ministère fait gracier les voleurs de préférence, parce que la propriété particulière des Français lui importe moins que la sienne, qui est le pouvoir. Voilà toute l'idée de cet article; c'est une plainte, c'est une critique amère, sans doute, mais permise par l'art. 4 de la loi du 25 mars 1822, pour les actes du gouvernement, et par les art. 7 et 12 de la charte. Il importe beaucoup que le peuple, dans les matières politiques ou privées, n'ignore rien de ce qui peut intéresser

ça sûreté; il était bon qu'on lui apprît qui allait rentrer dans la société, afin qu'il surveillât mieux ses propriétés; il fallait qu'il sût que le pouvoir ne gracie pas les condamnés politiques, qu'il ne pardonne qu'aux assassins, aux empoisonneurs!

» L'expression illimitée de ce qui est vrai ne peut rien produire de coupable, parce qu'alors la première culpabilité serait pour les auteurs de l'action; ainsi il n'y a pas plus de mal à dire qu'on n'a gracié que des forçats et des voleurs, qu'il y en a à les gracier. L'ordonnance est contre-signée d'un ministre, et c'est si bien l'action, le conseil des conseillers royaux qu'on critique dans l'article, que selon les publicistes, et notamment d'Eyraud (1), ce sont eux qui doivent répondre d'une grâce non méritée.

» Rappelez-vous, Messieurs, l'exemple de ce ministre de la justice qui offrit de rendre les sceaux à un roi absolu plutôt que de contre-signer la grâce d'un grand criminel, parce qu'il la croyait coupable et s'en regardait comme responsable. Il doit en être de même à plus forte raison sous une monarchie constitutionnelle, où les ministres sont responsables de tous les actes du gouvernement, où le blâme qui s'adresse à l'auteur de ces actes ne doit être censé s'adresser qu'à ceux qui sont responsables d'après la loi; la charte portant, art. 12, *les ministres sont responsables*, n'allez donc pas donner à l'article incriminé un autre sens que celui qu'il est si naturel de lui trouver. Sous un régime constitutionnel, la critique, le blâme (même à tort) étant permis pour tous les faits politiques, tout ce qui est vrai est bon à dire. La vérité, d'ailleurs, n'est-elle pas le grand principe sur lequel s'est élevé le gouvernement de juillet? n'a-t-il pas proclamé: *la charte sera désormais une vérité?*... Ainsi, Messieurs, nous vous le demandons, où, dans cet article, trouve-t-on une offense au roi? serait-ce donc dans le rapprochement qu'on y fait des deux gou-vernemens légitime ou quasi-légitime, pour montrer le premier clément envers ses condamnés politiques, quoique ne leur devant rien, et le second inflexible à l'égard des siens, quoique leur devant *tout*, puisque ces mêmes condamnés politiques de 1833 sont presque tous ceux des hommes qui, en 1830, recevaient des poignées de mains de ceux enfin qu'on nommait avec emphase les héros de juillet? Ce rapprochement est pénible à entendre, mais il n'a rien d'injurieux, quoiqu'il ne soit pas en faveur du second. Jusqu'ici nous

(1) *De l'Administration de la justice*, tome II, page 39.

n'avons donc pu découvrir une phrase, un mot renfermant une offense au roi, qui nulle part n'est nommé ; et l'article pris dans son ensemble, ne parlant que d'une mesure impolitique des *conseillers royaux*, ne peut être considéré comme renfermant une offense.

» Nous sommes arrivé à la dernière phrase, celle où l'accusation trouve principalement le délit. Elle est ainsi conçue : *Dis-moi qui tu hantes, je te dirai...* La phrase reste inachevée, des *points* seuls suivent le dernier mot. Je soutiens qu'il est impossible de voir dans cette phrase une personnalité, un outrage, une injure ou une offense au roi, parce que, pris de la même manière que l'accusation les présente, ces mots n'auraient aucun sens véritable, et qu'il est présumable que l'ennemi politique ou privé le plus acharné du roi, n'aurait point employé cette phrase avec l'intention que lui suppose l'accusation ; le goujat le plus déhonté, le manant le plus mal embouché n'aurait point écrit ces mots avec l'idée d'en faire l'outrage qu'on est forcé de leur prêter si gratuitement pour pouvoir les incriminer. En effet, il faut que l'accusation ait pensé, et elle est obligée de soutenir que l'auteur de l'article (après avoir parlé des voleurs ou des forçats) a voulu dire au roi : *Dis-moi qui tu hantes,* c'est-à-dire des voleurs et des forçats, *je te dirai...* QUI TU ES, c'est-à-dire un voleur ou un forçat. Mais alors cette phrase ne présenterait qu'une absurdité tellement révoltante, que je jurerais qu'il n'est pas un homme en France capable d'avoir conçu une pareille idée. Louis-Philippe un forçat ! un empoisonneur ! Oh ! Messieurs, l'esprit de parti peut égarer, il peut faire dire des mensonges et de cruelles vérités, mais il ne peut conduire à un cynisme aussi dégoûtant.

» Le journaliste qui aurait exprimé cette pensée dans le sens qu'y attache l'accusation, ou qui l'aurait admise dans sa feuille, avec cette intention, ne mériterait pas de paraître à votre barre ; sa place serait à Charenton. Rejetons donc, repoussons avec indignation une supposition aussi révoltante et pour le roi et pour l'auteur.

» Je soutiens que cette phrase ne contient point d'offense, parce que, grammaticalement parlant, ces mots : *Dis-moi qui tu hantes, je te dirai...* ne renferment en eux-mêmes aucune expression offensante. L'offense ne peut exister que là où il y a injure exprimée par des mots, des termes renfermant en eux-mêmes l'outrage ou l'injure. Il faut un délit matériel, patent pour tous, et non des argumentations, des conjectures qui donnent à des paroles un sens qu'elles n'expriment pas. On ne peut, pour constituer le délit d'offense, prétendre qu'on a voulu dire une chose qui n'est pas clairement exprimée.

» Dans l'hypothèse où nous nous trouvons, il faut défigurer une phrase innocente en elle-même pour y trouver un outrage; il faut torturer la pensée de l'auteur, la tronquer entièrement pour y chercher un mot, une idée de mépris; il faut plus, il faut absolument achever cette dernière phrase pour lui donner une espèce d'intention que l'auteur n'a pu vouloir y attacher, et il faut supposer que cette dernière phrase s'est liée, dans sa pensée, à celle qui précède, pour dire qu'il y a eu intention criminelle; sans tout cela, pas de délit. Mais il faut encore une fois, pour constituer l'offense, un corps de délit visible à tous les yeux, sensible à toutes les intelligences; le mot qui renferme l'outrage doit être patent, formel, ou bien il n'existe pas. Quand le législateur, dans l'art. 9 de la loi du 17 mai 1819, a voulu punir l'*offense*, il n'a pu entendre attacher à ce mot qu'un sens naturel; il faut donc que l'offense réside dans une phrase claire, dans un ou plusieurs mots outrageans en eux-mêmes et qui portent avec eux une idée offensante, c'est-à-dire qui puisse blesser dans son honneur l'homme à qui on les adresse.

» On conçoit que l'accusation de s'être parjuré soit une offense, parce que ce mot de *parjure* porte avec lui et dans tous les pays, et aux yeux de tout le monde, une idée qui doit attirer sur celui qui s'est rendu coupable de *parjure*, le mépris public et la sévérité des lois. Alors le mot *parjure*, ce mot précis qui constitue l'offense, n'est pas caché, chacun peut le signaler, et l'on n'a pas besoin pour en saisir le sens de prêter une autre idée à l'auteur.

» Mais dans l'article incriminé, il n'y a aucun mot qui soit en lui-même une offense, aucune phrase qui puisse être regardée comme une injure, comme constituant l'outrage : où donc est le corps de délit? dans les trois mots qui ne sont pas imprimés, dans ce que l'écrivain n'a pas dit, répond l'accusation!... Mais alors a-t-on bien réfléchi à ce que devient cette accusation d'offense, du moment où elle réside dans une pensée qui n'est pas achevée, dès l'instant où elle place le corps de délit dans trois mots qui n'ont pas été dits?... Eh bien! on renouvelle l'odieuse, l'effrayante doctrine des procès de tendance ordonnée par la loi du 17 mars 1822 et proscrite par la loi du 18 juillet 1828! voilà où l'on nous conduit!

» Il semble que l'oppression de la presse ait été considérée, par tous les pouvoirs qui se sont succédé depuis 89, comme la condition *sine quâ non* de leur existence : je n'en veux pour preuves que les décrets de l'empire, les dix-sept lois et ordonnances de la restauration sur la matière, et les cinq ou six cents procès intentés à la presse par le gouvernement de juillet, tandis que cette presse n'est réellement dangereuse que pour ceux qui ne veulent point marcher avec les lois, qui tous ont cherché à l'opprimer quand ils n'ont pu l'asservir. Napoléon l'exila. Reparue un instant avec la charte, les ministres, qui ne voulaient pas la suivre, firent croire aux Bourbons que leur salut dépendait de son anéantissement. De là, la censure et toutes les lois restrictives de la faculté d'émettre ses opinions politiques ou religieuses. Dès 1821, on avait enlevé au jury la connaissance des délits de la presse. Ce n'était pas assez. Villèle, Corbière et Peyronnet avaient promis au jésuitisme et à l'aristocratie, comme gage de joyeux avénement à leur ministère, la suppression de toute publicité. Ils présentèrent alors la loi du 17 mars 1822, en vertu de laquelle on pouvait dire à un journaliste : vous n'avait pas dit cela, mais vous avez voulu le dire, dès-lors vous êtes coupable! La France reçut cette loi avec des murmures d'indignation, et les cours royales, sur lesquelles on comptait pour obtenir des condamnations sans délit, frappèrent cette même loi d'une éclatante réprobation, prouvant ainsi que la magistrature doit *rendre des arrêts et non pas des services.* Plus tard cette loi fut abrogée par celle du 18 juillet 1828.

» En 1815 (9 novembre), une loi avait déjà paru qui punissait les écrits, les discours, les cris coupables d'injures *indirectes* au roi, etc., etc.; loi en vertu de laquelle un voyageur fut poursuivi pour avoir frappé son cheval en l'appelant *cosaque*, et condamné comme coupable d'avoir *indirectement* injurié les fidèles alliés du souverain, et indirectement par là le souverain lui-même (1)!

» Cette loi violait l'asile sacré de la conscience de l'écrivain, pour aller y chercher une intention qu'il n'avait peut-être pas eue. Cette espèce d'inquisition de la pensée transformait en criminelle une idée innocente; abrogée en 1819, voudrait-on la faire revivre? Aujourd'hui que cette loi est abolie, un fait, qui consiste dans ce qu'on n'a pas exprimé, ne peut former la matière d'un délit, parce qu'il n'existe pas de délits en pensée, la pensée n'étant pas du domaine du juge.

(1) Béranger, *De l'Administration de la justice criminelle.*

Toutes fois qu'il faut une interprétation pour découvrir une injure, il n'y en a point; et il doit en être de même toutes les fois qu'on est obligé d'achever une phrase qui n'a point été finie, si le délit ne peut exister réellement que dans la phrase entière. Juger différemment, ce serait rentrer dans la loi du 9 novembre 1815, dans le système Peyronnet, aboli par la loi de 1828. Ce serait juger par induction que de condamner le *Patriote Franc-Comtois* pour une phrase qu'il faut d'abord rattacher à une autre, quoiqu'elle en soit séparée par un point, ensuite l'interpréter en mal, enfin l'achever, pour pouvoir y trouver une injure.

» Du moment où, dans ce qui est écrit, ne se trouve pas le mot outrageant; du moment où les mots imprimés ne forment pas à eux seuls un sens injurieux; du moment où il faut, de toute nécessité, ajouter trois mots pour compléter l'idée que l'on prête à l'auteur (idée qui seule peut constituer l'offense), il n'y a pas de délit, il ne peut y en avoir, puisqu'il n'y a d'écrit ni les mots ni l'idée qui seuls pourraient le constituer. Car remarquez bien, Messieurs, que ce sont les trois mots QUI TU ES, qui seuls, dans le sens de l'accusation, pourraient constituer l'injure. Leur absence ne peut être suppléée sans que ce soit un procès fait à la pensée, une nouvelle espèce de tendance.

» Il y a du blanc et des points après les mots *je te dirai* ... C'est donc le blanc, ce sont donc les points qu'on incrimine ? alors on rappelle le temps où ce juge disait: *Donnez-moi dix lignes de cet homme, et je le fais pendre !* » Mais il demandait au moins du positif, de l'écrit, sauf à changer les idées et à les rendre coupables; tandis qu'ici on se contenterait de papier blanc, de points d'un côté, pourvu qu'il y eût quelque chose d'écrit de l'autre..... C'est pire que M. Bellard, qui demandait : *Dans quel esprit sont écrits ces mots ?* ... Et c'est vraiment comme M. Marchangy, qui, dans le procès de notre célèbre chansonnier national, arrêtait le greffier dans la lecture des phrases incriminées, parce qu'il ne *lisait pas qu'il y avait deux lignes en blanc avec des points !* ... On faisait aussi alors le procès à des points offensans pour la majesté royale !...

» L'avocat-général disait dans son réquisitoire : « *L'affectation » décèle la coupable pensée de l'auteur qui, en ne mettant* QUE DES » POINTS, *a eu l'intention évidente d'arrêter l'attention des lecteurs.* » Vous le voyez, on incriminait *la pensée*, on faisait la guerre à *l'intention ;* cela était même poussé si loin, que dans le procès d'un professeur de droit, on incriminait jusqu'aux *ratures* de son manuscrit, *parce qu'on ne pouvait pas les lire,* et l'on disait : « *Tant que* » *vous ne m'expliquerez pas ce que veulent dire ces blancs, ce qui n'est* » *pas achevé, tant que vous ne me direz pas ce qu'il y a sous ces* » *ratures, je croirai une mauvaise intention à l'auteur.* » Eh bien ! CROYEZ TANT QUE VOUS VOUDREZ, MAIS VOUS CROIREZ SANS SAVOIR, répliquait l'éloquent défenseur de Bavoux, *et sans savoir vous ne pouvez accuser !*

» Que fait-on aujourd'hui dans ce procès ? on ne tient pas le même langage que Bellard et Marchangy, qu'aveuglaient leur haine contre les libéraux; mais l'accusation n'en est pas moins la même, c'est aussi un procès fait à du blanc et à des points ! c'est un délit imaginaire dont on nous accuse; c'est une accusation par *conjecture,* par *analogie* et par *sous-entendu;* car il faut *conjecturer* que l'auteur a voulu dire *telle chose,* chercher de *l'analogie* entre là dernière et l'avant-dernière phrase, et sous-entendre que l'auteur a dit...: QUI TU ES.

» Oui, Messieurs, c'est un véritable procès par *supposition,* par *induction* et en quelque sorte par *divination !* En effet, on suppose que l'écrivain voulait finir sa phrase par *qui tu es;* on *suppose* qu'il avait en vue le proverbe : *Dis-moi qui tu fréquentes,* et on *induit* de la phrase qui précède la dernière, que celle-ci se rapporte au mot *voleur* et *forçat;* enfin on dit, *devinez* la pensée de l'auteur en tentant d'assurer qu'il a voulu exprimer telle chose; mais alors je m'écrierai aussi à mon tour (comme le défenseur de Bavoux): Supposez, devinez tant que vous voudrez, il n'y a plus de loi qui préjuge et condamne l'intention, et vous ne pouvez accuser sans savoir. — Vous le pouvez d'autant moins, que cette phrase, dans le blanc et les points de laquelle on trouve le corps de délit, peut être terminée d'une tout autre manière que celle qu'on lui prête.

» Le commencement n'est point criminel, le reste peut ne pas l'être. *Dis-moi qui tu hantes, je te dirai qui il faut fuir;* ou je te dirai *ce que tu deviendras !*

» *Dis-moi qui tu hantes :* cette phrase, comme tout le reste de l'article, se rapporte aux *conseillers royaux* dont on parle plus haut; cette idée *des conseillers royaux* doit dominer tout l'article (car je

l'ai dit, il n'a pu venir à l'esprit de personne, si ce n'est à ceux dont
le trop grand zèle nous conduit ici , que Louis-Philippe hantait des
voleurs) ; or, *dis-moi* QUELS SONT LES CONSEILLERS QUE TU FRÉQUENTES,
je te dirai QUI IL FAUT FUIR : c'est comme si l'écrivain avait dit : Tu
as autour de toi des conseillers royaux qui appellent tes grâces sur
des assassins et des empoisonneurs, au lieu de les faire répandre sur
des condamnés politiques, mesure impopulaire qui aigrit les esprits
égarés, bien loin de les ramener. C'est comme si l'écrivain avait
dit : Vous fréquentez des conseillers royaux qui en vous conseil-
lant d'être inflexible envers de jeunes têtes trop ardentes, endurcis-
sent votre cœur ; vous préférez les conseils d'un parti, qui , parvenu
au pouvoir, a été reconnu, à ses œuvres, incapable de rien créer de
bien, ni de stable ; qui n'a pu vous donner la paix intérieure, ni vous
assurer la paix extérieure (la Vendée, l'Ouest, les émeutes , les
coalitions d'ouvriers, et les innombrables protocoles que n'a pu
terminer le canon de la comédie d'Anvers , en sont la preuve) ;
un parti qui n'a pu donner à la France des institutions en harmonie avec l'état actuel de la société ; un parti qui ne peut ni ne
veut donner les lois promises par la charte , puisque la légalité
actuelle le tue déjà, et qu'après avoir demandé sans cesse des dou-
zièmes provisoires, il lui faut toujours des budgets supplémentaires ;
un parti en qui le pays n'a aucune confiance, le parti doctrinaire,
enfin, dont vous devriez redouter les dangereuses inspirations, que
vous devriez fuir , car la route de Cherbourg et le fort de Ham
disent aux rois et aux ministres où conduisent de mauvais conseils !!!... Voilà ce que l'écrivain a voulu exprimer ; il n'a eu en
vue qu'une personnification de système , et non une personnalité
offensante, en se servant de la première partie de la dernière phrase
qui n'est pas achevée. Mais, dira-t-on, cette phrase est un proverbe
trop connu pour que l'auteur ait eu besoin de l'achever, pour se
faire comprendre. Quoi ! l'offense résiderait dans ce qu'on n'a pas
exprimé, et existerait précisément parce que la phrase est un proverbe ? mais d'abord, qu'est-ce qui prouve que c'est un proverbe ?
et qu'importe ? quoi ! l'outrage résiderait dans une idée qui peut être
adoptée dans tel département et ignorée dans tel autre (car on
n'oserait soutenir que cette phrase est universellement connue) ? en
sorte que celui qui l'a employée , coupable dans le département du
Doubs , ne le serait pas dans celui du Nord , où le proverbe peut
être inconnu ? mais nous tomberions dans l'absurde avec cette manière de raisonner.

» Enfin, vous le voyez, Messieurs, il faudrait, pour croire l'auteur coupable, supposer d'abord qu'il a voulu dans son esprit rattacher la dernière phrase à celle qui la précède; supposer ensuite qu'il avait l'intention de terminer cette phrase par : *qui tu es*, es non par : *qui tu dois fuir*, qui se dit plus souvent que *qui tu es*; car, *dis-moi qui tu hantes, je te dirai qui tu dois fuir*, a au moins autant et même plus de sens que : *dis-moi qui tu hantes, je te dirai qui tu es*; puisque le premier est plus vrai que le second. Il faudrait supposer encore, pour donner une certaine vraisemblance à l'accusation, que ce proverbe est généralement connu. — Ainsi, on se perd dans les suppositions, et heureusement pour Miran, il n'y a pas de jurés qui condamnent sur des suppositions.

» Pour en finir sur cet article, dont l'auteur nous est complétement inconnu, une dernière réflexion. Si la presse est l'écho des besoins, des succès, des découvertes, malheureusement elle porte aussi l'empreinte de l'irritation des esprits; et dans cette hypothèse ne devrait-on pas avoir égard aux circonstances pour excuser la vivacité, l'acrimonie même de l'article ? C'est une plainte aigre, passionnée, et cependant sans couleur politique. Elle convient aussi bien au légitimiste qu'au républicain; elle a pu être écrite par l'un ou par l'autre, car tous deux frappent de leurs fers le pavé du fort Saint-Michel. Réunion bizarre de laquelle seule a pu prendre naissance l'idée plus bizarre encore de cette alliance supposée par l'astuce, pour effrayer les sots et les timides ! Cet article, d'ailleurs, a peut-être été dicté par la douleur qui ne raisonne pas ! L'auteur est peut-être un père, un frère, un ami d'un de ceux dont on appelle la délivrance ! Une heure avant de prendre la plume, une heure avant l'apparition du *Moniteur* du 23 juillet, il espérait peut-être serrer dans ses bras celui que réclamait son amitié; il a pu être écrit aux portes mêmes du mont Saint-Michel, et l'espérance déchue a pu dicter et doit faire pardonner la violence des reproches.

» Mais c'est nous arrêter trop long-temps à cette offense au roi, qui ne peut être que le prétexte de l'accusation; approfondissez la cause, et vous verrez si vous ne trouvez pas pour véritable motif du procès une offense au ministère, que l'on veut venger sous le nom du roi.

» De tout temps les ministres ont cherché à s'envelopper du manteau royal. Mazarin aussi soutenait que c'était une injure au roi que commettait le parlement en le décrétant de prise de corps; mais Talon (avocat-général) soutenait en principe que, si le respect était dû au roi, toute poursuite était permise contre le ministre.

» Les plus anciens publicistes vous disent tous que le nom du roi, dont se servent les ministres, ne saurait sauver un de leurs actes de la critique de l'opinion. Ceux qui sont au pinacle aujourd'hui n'ont-ils pas plaidé cette doctrine pendant quinze ans?... De tous temps les conseillers royaux ont cherché à se couvrir aussi de l'égide de l'inviolabilité. Voyez encore aujourd'hui tous les procès intentés au nom du roi : la majeure partie n'a pour but que de venger l'amour-propre des conseillers royaux offensés, blessés par des révélations de la presse! Quelques accusations premières ont pu induire le jury en erreur; on a obtenu une ou deux condamnations; mais enfin cette justice du pays, éclairée par l'opinion, a aperçu le piége ; elle a reconnu que c'était à la presse libre qu'on en voulait, et une multitude d'acquittemens sont venus et viennent journellement protester de la part du jury contre l'injure qu'on lui faisait, en le prenant pour l'exécuteur des hautes œuvres d'un parti contre la plus précieuse de nos institutions !...

» Nous abordons la seconde question.

» Supposons si l'on veut, pour un instant, l'article coupable ; Miran n'en est pas l'auteur, puisque cet article est arrivé au bureau du *Patriote* dans *la correspondance* autographiée à Paris, et envoyée chaque jour aux journaux de *toutes* les opinions.

» Ce fait est attesté par M. Deis, qui en a déposé, et qui a déclaré que Miran était absent; pourquoi donc Miran, qui n'en avait pas même connaissance, est-il poursuivi? parce que, répond-on, la loi rend le gérant d'un journal responsable de tout ce qu'il contient, parce qu'il est CENSÉ connaître et avoir approuvé tout ce que renferme la feuille dont il a la direction, et que dès-lors il est juste qu'il réponde de ce qui est son fait ou son œuvre adoptive. Mais cette fiction de la loi ne peut subsister que jusqu'à preuve contraire. Et quoique cette excuse ne soit pas dans la loi, on comprend que le gérant d'un journal ne peut et ne doit pas être mis en dehors du droit commun. Cela est si vrai, que toujours la bonne foi d'un journaliste l'a sauvé devant le jury. Or, il vous est démontré que,

Miran n'est pas l'auteur de l'article; qu'il en ignorait totalement l'insertion; qu'il a été entièrement étranger à sa publication (puisqu'il était absent lorsque la feuille où se trouve l'article fut composée et parut). Ces faits posés, j'aborde la question de droit qu'ils soulèvent, et je dis : Tout crime, tout délit se compose nécessairement de deux parties bien distinctes l'une de l'autre, et qui ne peuvent donner matière à la même accusation dès qu'ils sont séparés ; je veux dire le *fait* et *l'intention*. Point de délit sans intention de le commettre ; c'est un principe reconnu en jurisprudence comme en droit naturel, et qu'il n'est pas besoin de développer ici, car il frappe l'intelligence la moins légiste. C'est moins le fait que l'intention de nuire à autrui qui constitue la culpabilité ; car l'intention sans le fait serait plutôt une culpabilité, que le fait sans l'intention. Ce que je dis là pour un délit simple ordinaire, doit s'appliquer à toute espèce de délit, et principalement à ceux de la presse, car c'est précisément l'intention que la loi a entendu punir dans ces sortes de délits ; ce n'est même que l'intention qui constitue la véritable culpabilité, car il est certain que le fait ne cause presque jamais un dommage assez considérable pour mériter une punition. Ici, par exemple, quel échec l'article a-t-il pu porter ? aucun.

» Il ne suffit donc pas qu'un article soit coupable en lui-même, si l'on n'y joint pas une intention criminelle, soit en le publiant, soit en le propageant.

» Les jurisconsultes, les publicistes, les codes de tous les peuples sont d'accord avec nous sur ce point : pas de délit sans intention. Alors, si cette intention doit être palpable dans un délit qui consiste en un fait qui porte déjà en lui-même une espèce de preuve de cette intention coupable, combien, à plus forte raison, doit-on exiger (avant de punir) que cette intention soit clairement démontrée et évidente dans les délits de presse, qui ne consistent jamais qu'en paroles toujours susceptibles d'être entendues de deux manières ? Or, dans l'hypothèse actuelle, il ne peut y avoir eu d'intention coupable de la part de Miran, soit dans la composition, soit dans l'admission, soit enfin dans la publication de l'article, puisqu'il est prouvé qu'il a été entièrement étranger à l'une et à l'autre.

» Nous arrivons à la troisième question, celle de l'opportunité de la poursuite. J'ai prouvé 1º que l'accusation n'est pas fondée, puisque l'article n'est pas coupable ; 2º que Miran n'en est pas l'auteur et qu'il ignorait sa publication. Mais l'accusation devait-elle avoir lieu ? Nous ne le pensons pas.

» Quoi ! il s'est trouvé des personnes qui ont pu penser qu'un écrivain, *sans être fou*, pouvait traiter le roi de forçat et de voleur, en l'accusant de faire de pareils gens sa société habituelle, *de les hanter !* — Ceux qui conseillent de semblables poursuites et qui les intentent, rendent-ils un véritable service au prince? nous ne le croyons pas. Mais, dira-t-on, ils doivent venger la majesté humaine, la loi le dit. — Oui, mais les capucins de 1825 voulaient venger aussi la majesté divine outragée par le sacrilége, et cette loi est tombée aux acclamations de la France. Les mêmes législateurs avaient fait ces deux lois, toutes deux étaient de circonstance, et vous le savez, Messieurs, des lois de circonstance doivent être appliquées le moins possible.

» Dans la haute sphère où l'adulation place les rois, ne serait-il pas préférable de dire qu'ils ne peuvent être offensés par des paroles? Il sentait mieux sa propre dignité, cet empereur romain qui disait, en empêchant qu'on ne punît un homme qui venait de briser à dessein sa statue : *Non, non, point de châtiment, je ne me sens pas blessé!....* ou cet Adrien qui, rencontrant un homme qui l'avait offensé, lui dit : *Ne craignez rien, je suis empereur!*

» Mais en France on veut faire du zèle, et c'est une assez singulière idée que de prétendre à chaque instant que le roi a été insulté! Un article est mal interprété, c'est une offense contre le roi! une caricature n'est pas comprise, c'est une injure au roi! une phrase n'est pas achevée, il y a du blanc *malicieux* et des points *mal intentionnés*, vite un réquisitoire, car ce que l'écrivain n'a pas dit devait être offensant pour le prince! Mais, Messieurs, songent-ils bien, ceux qui voudraient faire des rois des demi-dieux, que tous ces procès rabaissent la dignité royale? Et cependant, par une fiction constitutionnelle, *le roi ne peut mal faire.* Comment veut-on donc qu'on puisse lui reprocher un acte quelconque? Et si on ne le peut pas, vous devez croire que ce sont les ministres seuls qu'on attaque, et non le monarque. — Ce serait à ceux qui représentent la majesté royale à mieux sentir sa dignité, et à concevoir que de semblables procès ne font que du scandale, et nuisent toujours au respect et à la considération dont ils veulent entourer la couronne.

» Les triomphateurs romains montaient au Capitole sans s'inquiéter
et sans punir les satires des soldats qui étaient à leurs côtés !

» Louis XII fit-il poursuivre les comédiens qui, le traînant en
quelque sorte sur les planches, le tournaient chaque soir en ridicule
devant une grande assemblée? Loin de là, Seissel, évêque de Mar-
seille, et Garnier, ses historiens, nous apprennent qu'il répondit à
ceux qui l'engageaient à les punir : « *Non*, *non*, *ils peuvent nous apprendre des vérités utiles; laissons-les se divertir.* » Les têtes couronnées
craignaient moins la vérité à cette époque demi-barbare, qu'ils ne la
redoutent dans le siècle de la civilisation; car Seissel ajoute que « *les
» Français ont toujours eu la licence et liberté de parler à leur volonté,
» même de leurs princes, non pas après leur mort tant seulement,
» mais encore en leur vivant et en leur présence.* » Mais sans remonter
à Louis XII pour trouver des exemples de modération, Henri IV pu-
nissait-il les injures des anciens ligueurs? Charles II, en Angleterre,
ne plaignait-il pas le sort d'un homme attaché au pilori pour avoir
diffamé un ministre, et ne s'écriait-il pas : « *Le sot, que n'écrivait-il
» contre moi, on ne lui aurait rien fait!* » Les avocats-généraux de ce
roi absolu qui entrait au parlement un fouet à la main, se gardèrent
bien de le reconnaître dans la grue de la fable des *Grenouilles* qui
demandent un roi, et qui, mécontentes d'un soliveau en obtiennent
un qui dévore son peuple!... — A-t-on vu des procès pareils sous l'empire? pas un seul. — Voit-on dans les journaux étrangers de semblables poursuites contre les écrivains? Aucun, si ce n'est ce membre
du parquet de Berlin qui s'avisa un jour de trouver de l'analogie
entre son *auguste* maître et un article de feuilleton intitulé : *le Chien
avide,* article qui fut poursuivi aussi et condamné à la requête d'un
orfévre qui s'y reconnut, et la mercuriale que reçut le magistrat dut
refroidir son zèle.

» En Angleterre, voit-on de ces procès pour offense envers la
personne du roi? jamais! cependant on n'y fait pas grâce à S. M.
britannique de couplets, de caricatures, d'articles de journaux;
mais il connaît le précepte de Tacite en fait d'injures : « *Spreta
exolescunt, si irascaris agnita videntur.* » Comme Louis XII, il dit
sans doute, « *ils peuvent nous apprendre des vérités utiles;* » il sait
que Junius a dit en parlant de Charles Ier, « *la censure constante et
» les admonitions de la presse, auraient réformé sa conduite, prévenu
» une guerre civile et sauvé ce prince d'une mort ignominieuse.* » Et
M. de Châteaubriant n'a-t-il pas exprimé la même pensée, lorsqu'il

a dit : « *Si la liberté de la presse avait existé sous nos premières* » *assemblées législatives, Louis XVI n'aurait pas péri.* » Que maintenant les fauteurs de lois d'exceptions et de mesures arbitraires contre la presse, que les inhabiles conseillers du trône nous répondent à ces passages !...

» C'est sous la restauration que parurent les premiers procès de ce genre. Entre autres, un substitut aussi mal avisé que celui de Berlin, empressé sans doute de faire usage de la loi de 1819, poursuivit un article de journal comme offensant à la personne de Charles X; cet article était intitulé le *Mouton enragé*, et des juges qui, on aime à le croire, dormaient pendant la défense, firent au monarque le sot compliment de lui trouver de la ressemblance avec le portrait, en condamnant l'auteur. Ce qui prouve, Messieurs, jusqu'à quelle aberration d'esprit peut conduire un faux zèle, l'esprit de parti. Si Louis-Philippe connaissait ce procès, il dirait sans doute avec Antonin (sans que je veuille cependant établir aucun autre rapport entre ces deux princes) : « *Je ne veux point commencer mon* » *règne par des actes de rigueur; ce ne serait certes point une chose* » *agréable, ni honorable pour moi, que vos informations prouvassent* » *que je suis haï d'un grand nombre de mes concitoyens.* »

« Vous le savez, Messieurs, c'est surtout contre ses propres sentimens qu'il faut se tenir en garde; je sais qu'il est bien difficile de se dépouiller entièrement de toutes ses affections, de toutes ses préventions, même en montant sur le noble siége de juré; cependant, Messieurs, ce sacrifice de toutes vos opinions politiques, nous l'attendons de vous, nous sommes convaincus d'avance que c'est le fait et l'intention que vous jugerez, et non le journal; nous ne redouterions une condamnation que de l'esprit de parti, et nous ne la craignons pas, parce que nous savons qu'en entrant dans cette salle vous avez laissé sur le seuil vos opinions, pour ne conserver que votre indépendance; en vain ces amis de *tous* les pouvoirs, ces hommes dont l'admiration pour ceux qui règnent tour à tour, commence le lendemain de la victoire et jamais la veille, ces gens qui ne voient pas qu'on les lance comme une meute pour aboyer contre tout ce qui porte ombrage, auront crié : *Il faut un exemple !... La presse passe les bornes !... Les journaux vont jusqu'à la licence !... Le* Patriote *est républicain; condamnez-le; écrasez l'infâme !...* Car, sans s'inquiéter de ce que la loi permet ou défend, sans avoir lu peut-être l'article incriminé, ils voudraient voir, ces hommes sans foi politique, condamner le *Patriote*, parce que ce journal n'est vendu ni au pouvoir ni à une caste; parce que cette feuille n'est pas l'admiratrice *quand même* des actes administratifs de Messieurs tels ou tels; qu'elle dénonce l'illégalité et l'inopportunité partout où elle les rencontre! Si c'est la couleur du *Patriote* que l'on traduit devant vous, si c'est son opinion, Miran saura bien tout à l'heure vous tranquiliser en vous montrant ses opinions de tous les jours, ses doctrines si vraies, si pures de toute arrière-pensée, si exemptes d'ambition et si consciencieuses; vous jugerez alors si sa théorie n'est pas exempte de toute provocation au désordre, si elle n'est pas la meilleure sauve-garde des droits et de la propriété. Mais la politique générale n'est pas, je le répète, ce qui a amoncelé sur le journal le plus d'antipathie et de haine; c'est d'avoir critiqué et blâmé; c'est d'avoir déchiré le voile dont on voulait entourer certaines actions.

» Vous saurez vous méfier, Messieurs, de toutes les préventions qu'on aurait cherché à vous donner contre le journal. On se plaint de son amertume? Voudrait-on qu'il restât calme en présence de tant de méfaits? « *La presse passe les bornes;* c'est parce que le pouvoir n'en garde aucune. Des bornes! mais elle ne devrait point en avoir! Elle crie! mais c'est parce qu'on l'étouffe! Comparez la presse anglaise à celle de France, et voyez la différence. Sa liberté est sans limites. *Le Morning-Chronicle* invitait, en 1825, à une Saint-Barthélemy de rois; il ne fut pas poursuivi; il l'eût été inutilement, parce que dans ce pays (dont on singe aujourd'hui en France les institutions) on entend vraiment la liberté de la presse; et les Anglais sont trop jaloux de cette liberté, pour qu'on pût trouver parmi eux un jury capable d'y porter atteinte.

» Enfin, Messieurs, après trois ans de marche, nous sommes à trois pas de l'abîme, et vous voudriez que la presse restât tranquille spectatrice des actes du pouvoir qui nous y pousse? qu'elle demeurât calme en présence des émeutes, comme moyen de gouvernement, de la corruption donnée comme mot d'ordre, des visites domiciliaires, des arrestations arbitraires, des violences de la police, des lois suspendues sans nécessité, de la violation de la charte, proclamée par la cour suprême!... La voix de la presse libre est la voix du peuple, et celle d'un peuple trompé devrait être un tonnerre! Ce peuple s'est révolté contre le souverain pour la faute de ses ministres; il s'est battu, et a triomphé! On lui avait promis des libertés, on lui a marchandé une à une de misérables institutions ! Son travail remplit le trésor, son sang se trouve avoir coulé pour des intérêts de famille, et le pouvoir se plaint de ses murmures? Peu importe ses droits, peu importe ses services; il n'est plus sujet de nom, mais il l'est de fait! et l'on s'étonne de l'aigreur de ses reproches! et l'on se scandalise de ses clameurs! Ce peuple fournit au cumul, il paie les sinécures, et en échange de tous ses sacrifices, il ne demande que quelques impôts de moins, et quelques droits de plus ! Il a pétitionné, on lui a répondu qu'il n'était pas temps encore; il a attendu ; il a redemandé en vain; il s'est ému, on a crié à l'anarchie! il s'est rassemblé pour traiter de ses intérêts matériels ; on a crié à la conspiration; il s'est réuni pour protester, on a crié au complot et on l'a fusillé sans sommation ! Et l'on s'étonne de ses plaintes ! le monopole au moyen des baïonnettes détruit les exploitations industrielles que la justice seule a le droit d'empêcher! un ministre brise comme un verre, et par sa seule volonté, la décision de 40 juges que la cour supérieure n'aurait pu réformer! Et l'on trouve que la presse qui signale ces actes est violente ! Ah ! rendez plutôt grâces à sa longanimité !...

» Laissez l'opinion publique agir seule pour réprimer les écarts de la presse, elle suffit pour un journal. Mais suspendre sans cesse l'épée du fisc sur la tête des écrivains, leur montrer toujours en perspective Belgirard ou Belvaux, les menacer sans cesse dans leur fortune et leur liberté, ce serait les forcer à briser leur plume. Dès-lors adieu réellement la liberté, quand ces sentinelles avancées ne feraient plus entendre le *qui-vive* contre ses ennemis. On pourrait alors vous enlever une à une le peu d'institutions véritables que la presse a eu tant de maux d'arracher à un pouvoir qui s'en montre si avare.

» Ah! craignez, Messieurs, de donner au pouvoir une arme dont il se servirait peut être un jour contre votre propre opinion, si elle venait à changer. D'ailleurs, dès qu'il s'agit de presse, il n'est plus d'opinion, toutes doivent se réunir pour la défendre. S'il est de sa nature d'être quelquefois à charge, il faut savoir la prendre avec ses inconvéniens, comme la monnaie avec son alliage, comme la pierre précieuse avec ses défauts. S'en passer serait un plus grand mal que de souffrir ses écarts ; et si l'on veut la mutiler au moyen de procès pour la rendre timide, la liberté de la presse *craintive* ne serait plus la liberté, et sa perte serait plus funeste au pays que ses

corrections ne lui seraient profitables. Oui, condamner un journaliste pour quelques expressions inconsidérées, ce serait (pour finir
par une pensée du célèbre Erskine) réduire la liberté de la presse
à n'être plus qu'un vain mot.

» Non, Messieurs, vous ne voudrez pas forcer Miran, chaque fois
qu'il prendra la plume pour blâmer ou critiquer les actes du pouvoir, à avoir sous ses yeux un geôlier pour lui rappeler qu'il y va
de sa liberté, à sa gauche un réquisitoire et un avocat, et à sa droite
un sac d'écus pour payer les amendes! Oui, vous l'acquitterez, quelles
que soient vos opinions, parce qu'il n'est point coupable et parce
que vous ne voudrez pas, par un verdict de condamnation, ap-
plaudir à ces paroles que l'intolérance religieuse adressait autrefois
aux hérétiques, et que l'intolérance politique du pouvoir semble
par ses procès, ses saisies, ses amendes et ses cachots, répéter aujourd'hui à tous les journalistes: « *Crois à mon infaillibilité, convertis-
toi à ma doctrine, pense comme moi, ou meurs!...* »

M. Miran se lève à son tour, et s'exprime ainsi :

« Messieurs,

» S'il ne s'agissait dans le procès qui nous est intenté que de la
défense de l'article incriminé, cette défense serait complète, et je
me garderais de prolonger des débats fatigans pour vous, puisqu'il me faudrait rentrer dans une discussion qui doit vous sem-
bler épuisée, dans une discussion qui devrait m'être étrangère,
puisqu'il est constant au procès que je ne suis pour rien dans la
rédaction de l'article, que sa publication même ne me fut pas connue, et qu'une fiction seule de la loi m'amène devant vous.

» Mais comment se dissimuler, Messieurs, que l'article incriminé n'est pas précisément ce qui me conduit à la barre? Qui
pourrait douter qu'il n'est que le prétexte de l'accusation, et que les
doctrines du journal ont donné au ministère public l'espérance
d'une condamnation.

» Bien étrange résultat d'une révolution dont les premiers mots
furent *liberté de la presse!* Plus étrange résultat encore de cette
promesse faite au jour de la victoire par celui qu'elle couronnait,

PLUS DE PROCÈS A LA PRESSE !!!... Quatre années sont à peine écoulées, et déjà plus de six cents accusations ont dit à la France ce que valent les promesses de la royauté citoyenne.

» Alors encore ceux qui se proclament si modestement nos sauveurs promettaient au pays liberté d'opinion, liberté des cultes, liberté d'enseignement! Et l'opinion est poursuivie jusque dans son dernier sanctuaire, LA PENSÉE! et le libre exercice des cultes est partout entravé! et l'enseignement est resté le monopole d'un pouvoir qui rève l'absolutisme dans l'ignorance des masses!!!

» N'attendez pas de moi, Messieurs, que je cherche à énumérer toutes les espérances conçues en juillet 1830, ni toutes les déceptions qui durent déchirer le voile qui couvrait les yeux du plus grand nombre; nous ne voulons pas éterniser ces débats, et si nous parlons ici de tant de libertés méconnues, c'est que nous avons besoin, en développant nos doctrines, de vous initier à nos convictions.

» Le ministère avait trouvé à Besançon, dans le journal l'*Impartial,* un organe avoué.

» La *Gazette de Franche-Comté* propageait les doctrines de la légitimité.

» Les patriotes bisontins voulurent fonder à leur tour une tribune indépendante, et qui, placée en dehors de ces influences de localités, qui trop souvent nuisent à la manifestation de la vérité, saurait la dire à tous, quelque dure qu'elle puisse être.

» Le *Patriote Franc-Comtois* fut publié.

» Journal de l'opposition constitutionnelle, il sut remplir sa mission; et s'il se fit des ennemis au sein d'une population dont il ne voulait que défendre les intérêts. C'est qu'en province il est difficile d'être vrai sans blesser les affections de famille, d'amitié et de nombreuses susceptibilités, surtout celle d'administrateurs encore imbus du despotisme de l'empire, de ce despotisme dont on voudrait nous imposer les fers sans se rappeler que Napoléon ne put les river qu'à l'aide des brillans reflets de sa gloire européenne.

» L'opposition, vous le savez, Messieurs, est toujours aux yeux du pouvoir un ennemi.

» Il veut la méconnaître, parce qu'il pense s'humilier par une concession ; il veut l'anéantir, parce qu'il croit s'affranchir du bien qu'elle lui impose. C'est pour lui un surveillant d'autant plus incommode qu'elle prêche la liberté pour tous, quand il la revendique pour lui seul.

» L'opposition constitutionnelle dut se raidir chaque jour contre les empiétemens d'un pouvoir hostile à la nation. Aux conseils dictés par un reste d'espérance dans des promesses solennelles, succédèrent de graves réflexions sur le passé, des avis sévères sur le présent, des présages pour l'avenir ; car nous, qu'on se plaît tant à calomnier, nous voulions déchirer le voile pour mieux faire apparaître la vérité. Mais les oripeaux dont on était parvenu à affubler si grotesquement ce trône élevé par des mains calleuses sur les débris fumans des barricades, aveuglèrent le nouveau *maître*. La foule de ces courtisans, toujours avides d'honneurs et de richesses, encombraient les salons dorés de la royauté citoyenne ; les lâches flatteries couvraient la voix du peuple, et bientôt ses droits, sa puissance, furent méconnus, et on traita en ennemis ceux-là même à qui on devait la couronne.

» Le soleil aussi vint éclairer les massacres des 5 et 6 juin. Il se coucha sur les cadavres des malheureux tombés victimes des provocations d'une infâme police.

» *Le sang français avait coulé dans la capitale*, les murs de nos provinces étaient tapissés de ces mots, écrits par une main officielle : L'ORDRE EST DANS PARIS. Et ce pouvoir, qui n'avait reçu de mission *que pour régner par les lois*, proclama l'état de siége ; et ce pouvoir, qui avait juré que *nul ne pouvait être distrait de ses juges naturels*, créa les commissions militaires, et cela sans ouvrir les portes de Ham aux ministres de Charles X, à ces ministres dont ils venaient de dépasser les actes ; et Sainte-Pélagie, la Force, et la Conciergerie, commencèrent pour les patriotes les tortures que doivent consommer et Clairvaux et le mont Saint-Michel !!!

» Oh ! alors les yeux se dessillèrent ; alors on dut prévoir quelle sorte de liberté attendait les citoyens sous le sceptre d'une royauté dite populaire. Oh ! alors on sut quel amour nous liait à la nouvelle dynastie.

» Disons-le donc, de ce jour surtout date l'immense propagande des doctrines républicaines.

» Depuis long-temps déjà on pressentait pour l'avenir, mais du moins pour une époque assez reculée, le triomphe de l'état démocratique sur la monarchie; les pensées s'y reportèrent. On voulut connaître ce gouvernement que les uns repoussent, comme une brillante utopie qu'ils croient impossible de réaliser, que les autres ne redoutent que parce qu'ils ne présument pas l'éducation des masses assez avancées, dont d'autres désespèrent parce que les mœurs républicaines demandent des vertus qu'ils méconnaissent à notre génération.

» Cependant, Messieurs, les fautes des gouvernans, les persécutions dont ils accablèrent ceux dont ils ne faisaient que suspecter l'opinion, l'action incessante d'une police odieuse et toujours reconnue dans les prétendus complots dénoncés au pays, en grossissant les rangs déjà si serrés des mécontens, acquirent à la démocratie de nombreux adhérens.

» Les patriotes, qui n'avaient vu dans l'élévation de Louis-Philippe au trône qu'un état transitoire, et qui, hommes du progrès, sentaient bien qu'avec le temps la république devait surgir de cette royauté, ne s'aveuglèrent pas sur les dangers qui pouvaient résulter pour le pays d'une transition instantanée, et sentirent le besoin de hâter l'éducation politique des masses, à mesure que la royauté elle-même compromettait ses destins.

» L'éducation des masses, leur initiation à tous les droits politiques, étant une garantie d'ordre et de sûreté publique, leurs travaux de tous les jours, leurs soins de tous les instans, se tournèrent vers ces hommes jusqu'ici tant délaissés, mais qui, nains à genoux, sont debout un puissant colosse.

» Les actes du pouvoir, sa nature, son origine, son principe, fécondaient la république, pour nous servir de la pensée de M. Berryer lui-même, il fallut bien la reconnaître comme prochaine, et travailler à prévenir, pour le temps où elle doit détrôner la monarchie, les funestes écarts qui souillèrent les premiers jours de notre première révolution.

» C'est ainsi, Messieurs, que, placée dans les voies de progrès, la rédaction du *Patriote Franc-Comtois* se trouva appelée, non à provoquer par le recours aux armes le renversement de ce qui est, non à proclamer la république, dont chaque jour le pouvoir hâte la venue, mais à apprendre au peuple à exercer sa souveraineté, à le guider enfin dans l'exercice de ses nouveaux droits.

» Les souvenirs, non pas seulement de 93, mais de 92, de 91, de 90, de 89 même, sans cesse présens à nos pensées, nous disaient assez les causes du mal qui se fit alors, pour nous imposer le devoir de l'éviter.

» La première de toutes les causes de tant de désastres fut l'ignorance complète où l'assemblée des états trouva le peuple. Appelé à l'exercice de droits qu'il ne connaissait pas, il dut être victime des ambitions déguisées sous le nom de patriotisme.

» Souverain sans connaître les devoirs que lui imposait sa souveraineté, il devait se prendre aux piéges tendus à son inexpérience. Pilote inhabile, le gouvernail dut tomber de ses mains; des coupables s'en saisirent, et le vaisseau de l'état, battu par les tempêtes incessantes de ces jours de deuil et d'anarchie, se fût abîmé si la nation française devait périr.

» Ce sont donc les calamités du passé, qu'en propageant les doctrines républicaines, nous travaillons à prévenir; c'est le mal que nous combattons pour ne laisser au gouvernement qui sera fondé par la volonté générale que le bien à répartir.

» Et ce que nous faisons aujourd'hui pour cet avenir que le présent nous présage, pourquoi le gouvernement de Louis-Philippe ne sait-il point l'utiliser au profit de cette dynastie?

» Notre opposition, qu'il ne sait combatre que par l'amende et les tortures de la prison, que ne la réduit-il au silence, en donnant lui-même à la nation tout ce qu'il nous a réduits à n'espérer que du triomphe des principes démocratiques?

» Qu'eût fait au peuple le nom sous lequel se serait exercé le pouvoir exécutif, si les institutions lui eussent garanti une véritable égalité pour l'exercice de ses droits civils et politiques?

» Une véritable égalité dans les répartitions des charges publiques ;

» L'abolition d'impôts sur tout ce qui tient aux premiers besoins de la vie, sur le sel, sur les boissons ;

» La liberté d'écrire et celle de penser ;

» L'inviolabilité des personnes et du domicile ;

» La libre jouissance de ses propriétés et de son industrie ;

» L'abolition des sinécures ;

» La liberté des cultes, celle de l'instruction;

» La réduction des impôts, un gouvernement à bon marché!!!

» Voilà ce qu'espérait le peuple en 1830, voilà ce qu'on lui promettait.

» Eh bien! l'exercice des droits politiques est le partage de quelques privilégiés.

» Les charges publiques !.... les riches s'y soustraient quand le pauvre succombe sous le faix.

» Les droits réunis!... cet impôt immoral qui tua la popularité du premier capitaine du monde, qui sapa les fondemens d'un trône qui comptait par quatorze cents ans, est resté debout, et, chose inique, le ministre de Louis-Philippe, le député Humann, n'éprouve qu'un regret, il le manifeste à la tribune même, c'est de ne point oser l'augmenter encore.

» La liberté d'écrire !.. chaque jour signale les nouvelles entraves apportées au libre exercice de la presse, et ce matin la *Gazette* était à la barre où l'on nous traîne à notre tour !

» La liberté de penser.... et ce sont à des points, oui, à des points que l'on fait un procès! à des points qui, loin d'achever une pensée, laissent à chacun la faculté de la formuler à son gré !

» L'inviolabilité des personnes et du domicile.... et sans mandat d'une autorité compétente, hors le flagrant délit, selon le caprice d'un misérable agent de police, les citoyens sont arrêtés, incarcérés; le domicile est violé, le secret des lettres méprisé.

» La libre jouissance de ses propriétés et de son industrie.......
et l'expédition de M. le sous-préfet de Lure à la saline des

Epoisses, et la lâche destruction de cette industrie, sont là pour dire aux générations quel despotisme a présidé aux actes d'une administration qu'avait fécondée le sang des citoyens.

» L'abolition des sinécures..... et les sinécures paient chaque jour les lâches adulations des très humbles sujets du roi dit citoyen.

» La liberté des cultes, celle de l'instruction...... Vous savez comment elles sont respectées.

» La réduction des impôts, un gouvernement à bon marché..... Et le budget, qui sous le consulat ne s'élevait pas à 550 millions, fut porté en 1831 à plus d'un milliard 500 millions ; réduit, pour 1834, à 999 millions, qui se grossiront bientôt des crédits supplémentaires, on demande au pays pour 1835, alors même qu'on signale notre état de paix intérieure, la constante harmonie qui nous unit aux rois de la sainte-alliance, une augmentation de 82 millions !!!

» Et la dette publique, qui, aux plus beaux jours de l'empire (1807), ne dépassait pas un milliard 912 millions 500 mille fr.; qui, sous la restauration, après les désastres de 1814 et 1815 et le milliard des émigrés, ne dépassa pas quatre milliards 260 millions, s'élève aujourd'hui à plus de cinq milliards 205 millions, et s'est ainsi accrue d'un milliard en moins de quatre années !

» Et l'on parle de notre prospérité financière, quand une prochaine banqueroute menace le pays !

» Voilà, Messieurs, un tableau douloureux sans doute, mais un tableau bien vrai de notre position.

» Et c'est quand l'opposition, fatiguée des inutiles avis donnés à un pouvoir infidèle à sa mission, cherche dans l'avenir un remède à tant de maux, c'est lorsque, sentinelle dévouée aux intérêts du peuple, elle crie à celui-ci : GARDE A TOI !!! qu'elle est séditieuse !

» Car, Messieurs, ne vous trompez pas, l'opposition ou plutôt ses organes ne sont jamais traduits devant vous que lorsqu'ils son dans le vrai. La vérité, voilà ce qui tue le despotisme, et le despotisme règne là où l'action des lois est paralysée par le bon plaisir des gouvernans.

5

» Les écarts de la presse ne sont jamais dangereux au pouvoir ; je dis plus, ils fortifieraient plutôt son action, car bientôt cette presse serait sans retentissement si elle osait tromper le peuple. Et c'est, Messieurs, parce que la vérité est la base fondamentale de nos doctrines, que, ne pouvant les combattre par la raison, on cherche dans les réquisitoires des armes qui tuent l'écrivain dont on ne peut réfuter la polémique.

» Oui, Messieurs, et nous ne saurions trop vous le répéter, nos écarts ne peuvent nuire qu'à celui qui les commet ; ils augmenteraient la confiance des citoyens dans le pouvoir qui serait attaqué ; ils nous suicideraient, car l'opposition ne peut vivre que de vérité, et en la trahissant, jamais, du moins bien rarement, vous seriez appelés à nous juger.

» Disons-le donc, les nombreux procès intentés à la presse prouvent la faiblesse d'un ministère qui, pour combattre les convictions de ses adversaires, ne sait recourir qu'aux amendes, à la prison ; d'un ministère qui veut tuer l'opposition dans ses organes de tous les jours, et qui, déterminé à ne rien faire pour les intérêts du pays, tente d'anéantir qui s'oppose à sa despotique volonté.

» C'est à vous, Messieurs, de décider s'il vous appartient d'associer le pays aux espérances conçues par les ennemis de nos libertés, et ce serait le faire que de déclarer coupable l'article qui vous est dénoncé.

» Je ne veux pas rentrer dans une discussion que mon éloquent défenseur a su épuiser ; cependant j'éprouve le besoin de replacer encore sous vos yeux cet article, de rappeler à vos esprits quelquesunes des concluantes réflexions qui vous ont été présentées.

» L'article est ainsi conçu :

« *Par décision du 23 juillet, le* Moniteur *nous apprend que le roi, à l'occasion de l'anniversaire des glorieuses journées de juillet et de son avénement au trône, a accordé dix-neuf grâces, commutations ou réductions de peines à des condamnés renfermés dans les maisons de détention et les prisons du ressort de la cour de Caen ; à neuf détenus de la maison centrale de Beaulieu, pour vol, blessures, faux, recel, tentatives d'empoisonnement et d'assassinats, etc. Voilà les titres à la clémence royale. Sept voleurs, détenus au mont*

Saint-Michel, vont aussi céder leur place aux condamnés politiques.
Depuis long-temps on connaissait la haine des conseillers royaux
pour les amnisties politiques, mais on n'avait pas encore apprécié
leur prédilection pour les voleurs et les assassins qui, à chaque
grande solennité de son règne, viennent servir de recrues à leurs
fidèles de la rue de Jérusalem. »

» Ce n'est pas précisément cette partie qui est incriminée, on ne
pouvait le faire sérieusement, car impossible d'y signaler l'ombre
d'un délit. Ce sont des faits rapportés, et ces faits sont publics ; des
réflexions sévères, mais vraies, non sur le roi, mais sur les conseillers de la couronne dont les actes appartiennent à la discussion.

» Le second alinéa est ainsi conçu :

« *Un dernier trait caractérise la monarchie du 7 août : presque*
tous les condamnés politiques de la restauration qui avaient échappé
à la première réaction, ont fini par obtenir grâce auprès de la branche
aînée elle-même. La branche cadette n'a gracié que des forçats et
des voleurs. »

» Mais ici ce sont encore des faits impossibles à révoquer en
doute. Les condamnés politiques avaient effectivement trouvé place
parmi les grâces distribuées par les Bourbons de la branche aînée ;
et si la branche cadette ne l'a pas fait, si elle n'a gracié que des
voleurs, pourquoi donc serait-il défendu de le dire ? où donc est
l'offense au roi, qui même n'est pas nommé, dont le nom n'est
écrit nulle part?.... Un délit d'offense au roi, on vous l'a dit, ne
peut exister que là où le monarque est nommé, où le mot qui
constitue l'offense lui est directement adressé. Ce serait autrement
offenser le roi par personnes interposées, et l'on n'a pas songé à
inventer ce genre de délit.

Trente-cinq grâces avaient été signées le 23 juillet. Elles éma-
naient du roi, mais elles n'ont été données que sur la proposition,
que d'après le rapport de ses conseillers ; or, que dit l'article
incriminé ? Que ces grâces n'ont été accordées qu'à des voleurs, des
assassins ; que les détenus politiques avaient trouvé grâce sous la
branche aînée des Bourbons, tandis que la branche cadette n'avait
gracié que des voleurs ; que depuis long-temps on connaissait la
haine des conseillers de la couronne pour les amnisties politiques,
mais qu'on ne connaissait point encore leur prédilection pour les

voleurs, les assassins. Voilà tout ce que dit l'article, quant à la critique de l'acte du 23 juillet.

» Viennent enfin ces mots : « DIS MOI QUI TU HANTES, JE TE DIRAI...

» Mais quoi?... tout ce que le lecteur, suivant son intelligence, voudra. Ce que disait Figaro : DIS MOI QUI TU HANTES, JE TE DIRAI...; *qui tu fréquentes, je te dirai ce qui t'adviendra;* enfin ce proverbe, aussi vieux et plus conséquent avec l'esprit de l'article, et dont mon défenseur a fait une si juste application, *je te dirai* QUI TU DOIS FUIR !...

» Ah ! sans doute, si Louis-Philippe avait fui avant juin 1831, s'il fuyait encore aujourd'hui les conseillers perfides qui chaque jour achèvent de lui aliéner l'affection des Français, bien des haines seraient apaisées, l'avenir lui-même pourrait nous promettre d'autres destins; mais le roi le veut, et sa volonté, *on nous l'a dit, est immuable.*

» En terminant ici cette discussion, vous n'oublierez pas, Messieurs, que l'article parti de l'un des bureaux de correspondance établis à Paris pour tous les journaux des départemens, et publié dans le *Patriote*, ne m'était pas connu : qu'absent de Besançou au moment de la publication du journal, je n'ai pu retrancher une fraction de phrase qui ne peut contenir aucun délit, mais que j'aurais certainement supprimée, non que jamais il me soit venu dans la pensée qu'on pût l'incriminer, mais comme étant en dehors des critiques habituelles du journal. Et ceci, Messieurs, répondra à l'une des observations de M. le procureur-général, qui vous a dit : Mais si l'article aux yeux mêmes du gérant, n'est pas coupable, pourquoi repousser la responsabilité?... Messieurs, habitués que nous sommes à répondre de nos actes, nous ne repoussons pas une responsabilité de fait, mais une responsabilité morale qui ne nous permet pas, tout en reconnaissant que rien dans l'article n'est coupable, de nous avouer l'auteur de ce que nous n'avons point écrit.

» Ainsi, étranger à l'article, étranger à sa publication, j'en reste responsable par une de ces fictions de la loi, que les gens du roi peuvent seuls défendre, mais qu'il est permis à vos consciences de peser et de repousser.

» Enfin je le répète, nos doctrines seules nous ont valu les sévérités du parquet, et l'article incriminé n'est que le prétexte d'un procès long-temps désiré contre le *Patriote*.

» Cependant nos doctrines ne doivent être pour rien dans votre décision, puisqu'elles ne sont pas soumises à vos méditations; mais c'eût été manquer à notre habituelle franchise, c'eût été faire injure à votre indépendance, à votre impartialité, que de reculer devant une attaque qui nous permettait de développer, devant le pays que vous représentez, nos convictions, le but de nos travaux.

» Je l'ai dit : de fautes en fautes, de déceptions en déceptions, le pouvoir qui nous régit a compromis ses destinées. Un autre avenir nous apparaît; non cet avenir, que la mauvaise foi ou l'impuissance appelle le retour de 93 ; non ces temps de terreur et d'anarchie, ces jours de sang et de deuil, car l'abolition de la peine de mort est le premier vœu de nos cœurs, comme le respect aux propriétés, leur inviolabilité, notre premier besoin d'ordre et de tranquillité; mais un règne de liberté vraie, féconde, parce qu'elle sera sans licence, dégagée de tout excès; parce que le peuple instruit de ses droits sera aussi pénétré de ses devoirs; jours de paix et de liberté qui doivent rendre à notre belle patrie sa prépondérance et sa vieille gloire; jours de prospérité que nous espérons obtenir pour la France, sans commotion, sans violence, parce que nous l'attendons du temps et des convictions du pays. »

M. le procureur - général se lève aussitôt et s'exprime en ces termes :

» Messieurs, dans tout ce qui vous a été dit par l'accusé et son défenseur, il n'est qu'une chose dont on ne vous a pas parlé, celle qui précisément fait l'objet des poursuites auxquelles on a à répondre. On s'est beaucoup étendu sur la première partie de l'article, tandis que c'est la seconde que nous incriminons. On a dit que nous ajoutions à une phrase non achevée, et c'est la phrase telle qu'elle est que nous soutenons contenir le délit d'offense à la personne du roi. »

Ici, M. le procureur-général donne de nouveau lecture du second alinéa de l'article, et soutient que malgré le point qui existe avant la phrase : *Dis-moi qui tu hantes , je te dirai...* Cette phrase se rattache à la précédente et constitue le délit reproché.

Arrivant à la discussion soulevée par Me Tonnet relativement à la responsabilité qui peut peser sur M. Miran, en raison de son absence de Besançon, et l'ignorance où il était de la publication de l'article, ce magistrat soutient que rien ne peut l'arracher à la responsabilité, puisqu'elle est encourue par le seul fait de l'apposition de sa signature au bas de la feuille, qu'ainsi, il ne s'agit que de savoir si le gérant avoue ou non sa signature, puisque les journaux ne peuvent être publiés qu'après que, signés par les gérans, ils ont été déposés au parquet du procureur du roi.

Me Tonnet répliquant à M. le procureur-général, soutient que l'article tout entier a été incriminé, et que, ne l'eût-il point été, c'est dans l'article tout entier, dans son ensemble, qu'il faut chercher la pensée de son auteur, pour connaître l'espèce de culpabilité qu'il peut avoir encourue; qu'il n'appartient pas d'avantage au ministère public d'appliquer les mots *dis-moi*, etc., placés après un point et qui commencent une phrase nouvelle, à la phrase qui précède, qu'à l'ensemble de l'article; qu'en vain le ministère public cherche à faire croire qu'il n'ajoute rien à la phrase incriminée; que les huit mots qui la composent étant tout-à-fait inoffensifs, il y a impossibilité d'y attacher la pensée d'un délit, sans y adjoindre ceux que le parquet suppose gratuitement avoir été la pensée de l'auteur: *je te dirai qui tu es.* Que la nécessité de cette adjonction suffit seule, pour prouver que le procès est intenté, non à ce qui est écrit, mais à ce qu'on suppose avoir dû être écrit. Que c'est, encore une fois, un véritable procès de tendance, proscrit par nos lois.

« M. le procureur général, dit-il, a enfin abordé la question de responsabilité, véritable point de droit de ce procès. Oui sans doute, si Miran le voulait, d'un seul mot il renverserait toute cette accusation; mais il m'a défendu de le dire, et je dois respecter sa volonté; d'ailleurs, nous ne repoussons pas pour lui cette responsabilité dont la loi frappe la gérance, autrement que pour dire à MM. les jurés: la loi veut que le gérant réponde de tout ce qui est écrit dans un journal, parce que l'apposition de sa signature sur la feuille *suppose*, de sa part, la connaissance positive de tout ce qu'elle contient; mais quand, à côté de cette supposition, il ressort des faits mêmes une certitude contraire, c'est aux jurés à décider jusqu'à quel point la fiction de la loi permet de frapper ce gérant.»

M. Miran, interpellé par M. le président, s'il avoue ou désavoue sa signature, déclare n'avoir rien à répondre; que si le journal n'eût point été signé, l'imprimeur aurait été poursuivi en justice, et que tous ceux qui professent les doctrines auxquelles il s'est voué, habitués à répondre de leurs œuvres, n'appellent jamais sur un autre des poursuites provenant de leur fait. Il rappelle que si ailleurs on a repoussé sa responsabilité, ce n'est que moralement, puisque lui-même a défendu la prétendue culpabilité de l'article. C'est que, rédacteur en chef du journal en même temps que gérant, il ne voulait pas qu'on lui attribuât une phrase isolée, et en dehors de sa polémique de tous les jours.

Après une courte discussion entre M. le procureur-général et M. Miran, sur la question de savoir si le journal est signé avant ou après la distribution, M. le président Béchet déclare les débats terminés, et fait le résumé de l'accusation et de la défense, résumé à l'impartialité duquel chacun se plaît à rendre un éclatant hommage.

MM. les jurés entrent aussitôt dans leur chambre de délibération, et cinq minutes n'étaient pas expirées, que le chef du jury, M. Janet, prononça ce verdict :

NON, L'ACCUSÉ N'EST PAS COUPABLE.

Ainsi s'est terminé le premier procès du PATRIOTE FRANC-COMTOIS.

L'immense concours des citoyens qui se pressaient en foule aux assises, malgré l'assertion de l'*Impartial*, les applaudissemens donnés à la défense présentée par Mᵉ Tonnet, ceux qui couvrirent l'exposition faite par M. Miran des doctrines du journal, les bravos qui lors de la déclaration du jury se sont prolongés jusques au dehors non-seulement de l'auditoire, mais des corridors obstrués par la multitude, disent mieux que tous les raisonnemens possibles les sympathies que le *Patriote* a su se créer à Besançon, nous pourrions même dire en Franche-Comté; et ce témoignage flatteur serait pour nous un encouragement à persévérer dans la carrière épineuse que nous avons embrassée, si jamais notre courage pour atteindre le but venait à faillir.

Une seule chose nous a peinés, c'est ce déploiement inusité à Besançon d'une force publique, que rien dans notre cause ne pouvait rendre nécessaire. On sait bien que les républicains ne font appel aux masses que pour les éclairer. L'émeute ne sera jamais pour nous un moyen de succès. Nous attendons, et Dieu sait si, grâces à notre paternel gouvernement, nous devrons encore attendre long-temps notre triomphe!

BESANÇON. — IMPRIMERIE DE CH. DEIS.